# Die Schwierigkeiten der internen Personalauswahl und die Aufgaben einer funktionalen Organisation

## Eine Fallstudie am Beispielunternehmen "Time"

Jessica Pchaiek

**Bibliografische Information der Deutschen Nationalbibliothek:**

Die Deutsche Nationalbibliothek verzeichnet diese Publikation in der Deutschen Nationalbibliografie; detaillierte bibliografische Daten sind im Internet über http://dnb.d-nb.de abrufbar.

ISBN: 9783346475220
Dieses Buch ist auch als E-Book erhältlich.

© GRIN Publishing GmbH
Nymphenburger Straße 86
80636 München

Druck und Bindung: Books on Demand GmbH, Norderstedt Germany
Gedruckt auf säurefreiem Papier aus verantwortungsvollen Quellen

Das Buch bei GRIN: https://www.grin.com/document/1064623

# Einsendeaufgabe - Sonderprüfung

Personal- und Organisationsanalyse der Firma „Time"

Von:

Jessica Pchaiek

# Inhaltsverzeichnis

# Abkürzungsverzeichnis

| | |
|---|---|
| Abs. | Absatz |
| Art. | Artikel |
| Aufl. | Auflage |
| bspw. | beispielsweise |
| bzw. | beziehungsweise |
| ca. | circa |
| d.h. | das heißt |
| ebd | ebenda |
| et al. | (lateinisch) und andere |
| f. | folgende Seite |
| ff. | folgende Seiten |
| ggf. | gegebenenfalls |
| i.d.R. | in der Regel |
| insb. | Insbesondere |
| Kap. | Kapitel |
| Nr. | Nummer |
| o.Ä. | oder Ähnliches |
| o.J. | ohne Jahr |
| S. | Seite |
| sog. | so genannt |
| usw. | und so weiter |
| u.v.m. | und vieles mehr |
| vgl. | vergleiche |
| vs. | versus |

# Abbildungsverzeichnis

# 1 Die Personalauswahl

In der vorliegenden Einsendeaufgabe wird über das fiktive Unternehmen „Time" referiert. Die Uhrenfirma namens „Time" ist auf hochpreisige Armbanduhren spezialisiert. In der Firma arbeiten 1600 Mitarbeiter. Einmal im Jahr kommen alle 50 Führungskräfte für zwei Tage zusammen, um Informationen auszutauschen und über strategische Fragen zu diskutieren. Im Rahmen dieser Tagung soll die Leitung der Personalabteilung ein neues eignungsdiagnostisches Testverfahren vorstellen. Dieses Testverfahren soll zur Verbesserung der internen Personalauswahl dienen. Im Allgemeinen wird zwischen der internen und externen Personalauswahl unterschieden. Ein Stellenwechsel innerhalb des Unternehmens wird als interne Personalauswahl beschrieben, wo hingegen bei der externen Auswahl Arbeitskräfte von außerhalb rekrutiert werden.[1] Während der Tagung wird das biografischer Verfahren der Berufseigendiagnostik erklärt, um anschließend auf den biografischen Fragebogen eingehen zu können. Nachfolgend wird die Validität des Testverfahrens betrachtet.

## 1.1 Der biografische Fragebogen

Der biografische Fragebogen gehört zu den verhaltensorientierten Instrumenten für Auswahlentscheidungen. Dieser soll für die Auswahl potenzieller Kandidaten für das Unternehmen „Time" eingesetzt werden.[2] Der biografische Fragebogen ist ein Selbstbeschreibungsinstrument, der verschiedene Fähigkeiten und Verhaltensweisen misst. Er ist Teil des biografischen Ansatzes der Berufseignungsdiagnostik. Hierbei soll, bei gleichbleibendem Handeln, ein direkter Schluss von vergangenem auf zukünftiges Verhalten sowie Leistungsergebnissen erzielt werden.[3] Für die Auswertung des Verfahrens werden verschiedene berufliche sowie fachliche Informationen herangezogen, wie bspw. Berufserfahrung, Noten, Arbeitszeugnisse, Praktika usw.[4] Anhand bestimmter Ereignisse im Lebenslauf sollen Rückschlüsse auf die Persönlichkeit sowie zukünftige berufliche Vorkommnisse des Bewerbers vorhergesagt

---

[1] Vgl. Huber (2017) S. 88
[2] Vgl. Stock-Homburg (2019) S. 209
[3] Vgl. Höft / Schuler (2019) S. 86
[4] Vgl. Schuler (2013) S. 34

werden.[5] Ein Bewerber, der in der Vergangenheit eine repräsentative Funktion als Klassen- oder Schulsprecher einnahm, hat eine höhere Wahrscheinlichkeit im beruflichen Verlauf ebenfalls eine Leistungs- und Repräsentationsfunktion auszuüben.[6]

Der Fragebogen wird klassisch in Papierform als Multiple-Choice-Fragebogen an die Bewerber ausgegeben.[7] Hierbei wird kein Zeitlimit gesetzt. Er soll nicht zu Hause ausgefüllt werden, um Verzerrungen des Antwortverhaltens entgegenzuwirken. Verzerrungen können durch Verhaltenseinschätzungen von bspw. Familienmitgliedern entstehen.[8] Der biografische Fragebogen soll die Leistung eines Individuums erklären und ein standardisiertes Tool für die Vergleichbarkeit von Bewerbern schaffen.[9] Dazu werden die befragten Personen im Vorfeld gebeten sich an ihr typisches Verhalten in abgefragten Situationen zu erinnern und die entsprechenden Antwortmöglichkeiten dazu auszuwählen.[10] Der Ausgangspunkt des Fragebogens sind eine Sammlung standardisierter Fragen.[11] Neben der objektiven Daten werden zusätzlich subjektive Daten erhoben, wie z.B. die Einschätzung der eigenen Team- oder Leistungsfähigkeit. Die Fragen sollen von dem Bewerber individuell und wahrheitsgemäß beantwortet werden. Dadurch kann das typische Verhalten des Befragten erhoben werden. Folglich ist der biografische Fragebogen die schriftliche Darstellung eines standardisierten Interviews mit dem Ziel potenzielle Mitarbeiter zu identifizieren.[12] Ein Beispiel hierfür stellt die nachfolgende Abbildung dar:

---

[5] Vgl. Schanz (2000) S. 373
[6] Vgl. Apel (2007) S. 2
[7] Vgl. Struck (1998) S. 292
[8] Vgl. Bröckermann (2016)
[9] Vgl. Höft /Schuler (2019) S. 87
[10] Vgl. Mumford / Barrett / Hester (2012) S. 354
[11] Vgl. Strobel / Franke-Bartholdt (2017) S. 106 f.
[12] Vgl. Lorenz / Rohrschneider (2015) S. 116 f.

| Enthalten die Gesprächssituationen bzw. die gesamte Informationserhebung jeweils Fragen oder Informationen zu… | | | | |
|---|---|---|---|---|
| 44 | den Situationen, in denen das interessierende Verhalten auftritt? | ○ immer   ○ häufig   ○ selten   ○ nie |
| 45 | der genauen Beschreibung der Situationen? | ○ immer   ○ häufig   ○ selten   ○ nie |
| 46 | der Beschreibung, wie das Verhalten in den Situationen ablief? | ○ immer   ○ häufig   ○ selten   ○ nie |
| 47 | Wird dabei nach den beobachtbaren Handlungen gefragt? | ○ immer   ○ häufig   ○ selten   ○ nie |

Abbildung 1: Der biografische Fragebogen[13]

Seinen Ursprung fand der biografische Fragebogen 1984 bei einem amerikanischen Versicherungsvertretertreffen. Colonel Thomas L. Peters schlug während des Treffens eine Neuerung der Bewerberauswahl vor. Hierbei sollen die Führungskräfte dazu aufgefordert werden, den Bewerbern standardisierte Fragen zu demografischen Elementen sowie gesammelten Erfahrungen zu stellen.[14] Der Fragebogen wurde stetig weiterentwickelt. In den 1920er Jahren hat Goldsmith ein Verfahren entwickelt, in dem bestimmte Items des Fragebogens gewichtet wurden. Daraus konnte eine Punktzahl abgeleitet werden, die über den weiteren Verlauf des Kandidaten entschied.[15] Durch die quantitative Auswertungsstrategie wurde es ermöglicht, empirische Zusammenhänge hinsichtlich berufsrelevanten Aspekten zu gewichten und erfassen. Für die Einstufung des Kandidaten ist es wichtig bei der Itemauswahl darauf zu achten, dass die Fragen eindeutig, überprüfbar und berufsrelevant sind.[16]

Der Inhalt der Items wird zwischen drei verschiedenen Betrachtungsebenen unterschieden, der allgemeinen, der spezifischen und der sehr spezifischen Betrachtungsebene. Die allgemeine Ebene beinhaltet Verhaltensweisen und Erfahrungen des Bewerbers. Die spezifische Ebene legt ihren Fokus auf Fragen, bei denen zwischen der berufs- und personenorientierten Perspektiven unterschieden wird. Auf der sehr spezifischen Ebene wird entschieden, welche

---

[13] Strobel / Franke-Bartholdt (2017)
[14] Vgl. Mumford / (2012) S. 354
[15] Vgl. Goldsmith (1922) S. 149
[16] Vgl. Schuler (2014b) S. 260

Merkmale die Items haben sollen.[17] Nach der Taxonomie von Mael erfolgt dies anhand von zehn Attributen, die in drei Kategorien eingeteilt werden:[18]

- Kategorie 1: Vergangenheitsbezogen vs. Zukunftsbezogen
  - Attribut: Historisch
- Kategorie 2: Einfluss auf Qualität der Selbstbeschreibung
  - Attribut: External, objektiv, direkt, diskret, prüfbar
- Kategorie 3: Rechtliche und ethische relevante Aspekte
  - Attribut: Beeinflussbar, gleicher Zugang, berufsrelevant, nicht invasiv

In der Literatur haben sich vier der Attribute als besonders aussagestark erwiesen: external, objektiv, diskret und prüfbar.[19] Der Fragebogen setzt sich somit aus drei Teilen zusammen. In der Kategorie eins sollten Fragen aus dem vergangenen Arbeits- und Ausbildungsbereich gestellt werden, um die biografischen Daten festzuhalten. Die zweite Kategorie enthält Fragen zur Selbstbeschreibung des Bewerbers, die zur korrekten Berichterstattung über die erfragten Verhaltensweisen sichergestellt werden sollen. Die letzte Kategorie soll die rechtlichen und moralischen Bedenken des Kandidaten widerspiegeln. Im Gesamtbild sollte sich der biografische Fragebogen an der Anforderungsanalyse der ausgeschriebenen Position sowie des Unternehmens orientieren.[20]

Jedoch wird der biografische Fragebogen heute nur noch selten eingesetzt. Eine Befragung von Schuler ergab, dass lediglich 1,6% der deutschen Unternehmen den Fragebogen als Instrument zur Personalauswahl nutzen. Hinsichtlich der Bewertung von Anwendern ist der biografische Fragebogen im mittleren Segment vertreten, der durch seine relativ hohe Validität zu einem der validesten Instrumenten zur Personalauswahl zählt.[21] Im Nachfolgenden wird die Validität des biografischen Fragebogens genauer betrachtet.

---

[17] Vgl. Strobel / Franke-Bartholdt (2017) S. 109
[18] Vgl Krause (2017) S. 109 f.
[19] Vgl. Kauffeld / Grohmann (2019) S. 152; Schreyögg / Koch (2020) S. 637 f.
[20] Vgl. Mael (1991) S. 773
[21] Vgl. Krause (2017) S. 108

## 1.2 Die Validität des biografischen Fragebogens

Die Validität ist ein empirisches Gütekriterium, die die Aussagekraft eines Auswahlverfahrens beurteilt.[22] In diesem Kapitel wird die Validität des biografischen Fragebogens genauer betrachtet. Die Validität ist ein Kriterium für die Gültigkeit wissenschaftlicher Untersuchungen und dessen Ergebnisse. Sie ist das Ausmaß zwischen der inhaltlichen Übereinstimmung zwischen dem gemessenem Merkmal und dem tatsächlichem Gemessenem.[23] Die Validität bezieht sich auf die korrekten Schlussfolgerungen, die aus den Ergebnissen abgeleitet werden. Bei dem biografischen Fragebogen handelt es sich hierbei um die Messung und Vorhersage der Verhaltensweisen.

Generell gilt jeder Wert, der über $r = .30$ liegt, als ein angemessener Validitätswert.[24] Um einen Zusammenhang zwischen der Auswahlmethode und dem bisherigen Berufserfolg darzustellen, wird der Korrelationskoeffizient gemessen. Dieser Korrelationskoeffizient kann zwischen $r = +1$ und $r = -1$ liegen. Je höher der Validitätskoeffizient ist, desto besser wird der Bewerber für das gemessene Kriterium eingestuft.

Im Rahmen verschiedener eignungsdiagnostischer Studien konnte festgestellt werden, dass der biografische Fragebogen ein valides Instrument für die Personalauswahl darstellt. Carlson und Kollegen haben den biografischen Fragebogen für Untersuchungen der Management Positionen genutzt und eine Gültigkeit von mindestens $r = .48$ feststellen können.[25] Reilly und Chao haben acht verschiedene Mitarbeiterauswahlen betrachtet. Hierbei wurde festgehalten, dass nur der biografische Fragebogen sowie die Peer-Evaluation als valide eingestuft werden konnten. Die Ergebnisse, die in Abhängigkeit von Berufsgruppe und Kriterien betrachtet wurden, lagen in einem Bereich zwischen $r = .32$ bis $r = .46$.[26] Abhängig vom gewählten Kriterium und der Höhe des Validitätskoeffizienten variiert das Ergebnis in unterschiedlichen Untersuchungen

---

[22] Vgl. Friedemann / Blickle / Schaper (2019) S. 275
[23] Vgl. Moosbrugger / Kelava (2012) S. 146 ff.
[24] Vgl. Reinhardt / Kunnung (2016) S. 52 f.
[25] Vgl. Carlson (1999) S. 746
[26] Vgl. Reilly / Chao (1982) S. 53

zwischen r = .33 und r = .52.[27] Der biografische Fragebogen selbst kann einen Validitätswert von r =.35 vorweisen.[28]

Folglich ist der biografische Fragebogen ein valides Instrument für die Personalauswahl mittels eignungsdiagnostischer Verfahren.[29] Die Standardisierung des Verfahrens erlaubt eine objektive Vergleichbarkeit unter den Bewerbern. Angesichts der sich stetig verändernden Anforderungsprofile, müssen die Fragebögen jedoch regelmäßig überprüft und die Validität erneut gemessen werden.[30] Der Fragebogen wird jedoch kaum für die Personalauswahl genutzt, was auf die geringe Akzeptanz der Anwender zurückgeführt werden kann.[31]

[27] Vgl. Petersen (2002) S. 8
[28] Vgl. Blickle / Nerdinger / Schaper (2019) S. 282
[29] Vgl. Heumann (2006)
[30] Vgl. Liebel (1993) S. 369
[31] Vgl. Krause (02017) S. 108

## 2 Die funktionale Organisation

Als mittelständisches Unternehmen mit insgesamt 1600 Mitarbeitern wird die Firma „Time" als funktionalen Organisation beschrieben. Unter dem Begriff Organisation wird ein Zusammenschluss von Menschen und Sachen verstanden, die ein gemeinsames Ziel verfolgen. Im betriebswirtschaftlichen Kontext ist eine Organisation die Planung und Durchführung bestimmter Vorhaben.[32] Die Organisationsstruktur ist tiefergreifend somit ein System von Regelungen innerhalb einer Organisation. Sie bildet ein horizontal und vertikal gegliedertes System der Kompetenzen ab, welches den generellen Handlungsspielraum der Arbeitsteilung und permanenten Arbeit regelt.[33]

Die vertikale Perspektive beobachtet den Grad der Delegation. Hierbei ist die Unternehmensleitung den einzelnen Fachbereichen hierarchisch höhergestellt. Dagegen wird bei der horizontalen Perspektive zwischen den spezifischen Fachausrichtungen unterschieden. Diese Unterscheidung wird mittels der Bildung von Kompetenzbereichen erreicht.[34] Mit Hinsicht auf verschiedene Erklärungsziele und Erkenntnisinteressen, lassen sich drei unterschiedliche Sichtweisen auf die Organisation ableiten. Die institutionelle Sicht, welche die Organisation als ein soziales Gebilde wahrnimmt, verfolgt konstant ein bestimmtes Ziel und verfügt über eine formale Struktur. Des Weiteren gibt es die instrumentelle Sicht, wo die Instrumente zur Ausrichtung der Organisation im Fokus stehen. Die dritte Sichtweise ist die funktionale Sicht, bei der die Organisation als Managementfunktion betrachtet wird. Diese ist auf die Gestaltung und Veränderung bestehender Strukturen ausgelegt.[35]

Die Struktur einer Organisation wird laut Kieser und Walgenbach in fünf Hauptdimensionen unterteilt: Spezialisierung, Koordination, Konfiguration, Entscheidungsdelegation und Formalisierung.[36] Hierbei können die einzelnen Dimensionen unterschiedlich ausgeprägt sein. Davon ableitend, ergeben sich

---

[32] Vgl. Heise (2010) S. 11
[33] Vgl. Schewe (o. J.)
[34] Vgl. Schewe (o. J.)
[35] Vgl. Frör / Schick / Merk / Kunning (2016) S. 11
[36] Vgl. Frör / Schick / Merk / Kunning (2016) S. 21

drei Konfiguration: Die funktionale,- die divisionale- und die Matrixorganisation.[37] In dieser Einsendeaufgabe geht es lediglich um die funktionale Organisationsstruktur, weshalb die divisionale und Matrixorganisation außen vorgelassen werden. In den nachfolgenden Kapiteln wird erläutert, wie sich eine funktionale Organisation formiert. Zudem wird auf die Vor- und Nachteile einer derartigen Organisationsstruktur eingegangen.

## 2.1 Die funktionale Organisationsstruktur

Die funktionale Organisationsstruktur stellt die älteste Organisationsform dar und ist noch heute bei kleinen und mittelständischen Unternehmen sowie Start Ups vorzufinden. Hierbei betreibt das Unternehmen nur eine Produktklasse oder ein homogenes Produktprogramm.[38] Dieser Organisationstyp wird somit häufig bei Unternehmen vorgefunden, die einen geringen Diversifikationsgrad aufweisen, wie bspw. die Automobilindustrie.[39] Die funktionale Organisationsstruktur wird auch verrichtungsorientierte Einlinienorganisation genannt, die eine Tendenz zur Entscheidungszentralisation hat.[40] Der Begriff Verrichtungsorganisation bezieht sich auf die zweite Hierarchieebene, die die Kompetenzverteilung aufgrund verrichtungsorientierter Spezialisierungen nach betrieblichen Funktionen gliedert. Die betrieblichen Funktionen können bspw. die Beschaffung, Produktion, Marketing oder die Verwaltung sein. Gemäß des Einlinienprinzips sind die verschiedenen Funktionsbereiche somit der Unternehmensleitung unterstellt. Die Mitarbeiter erhalten ihre Anweisungen von einer übergeordneten Stelle. Daraus resultiert eine Entscheidungszentralisation der einzelnen Bereiche. Es entsteht eine Interpendenz, da die Funktionsbereiche eine vergleichbar hohe produkt- und marktbezogene Abhängigkeiten aufweisen.[41] Aus diesem Grund hat die Geschäftsführung einen hohen koordinativen Aufwand. Folglich können weitere Personen zur Entlastung eingestellt werden, die sogenannte Stabstellen ausfüllen.[42] Die folgende Abbildung stellt ein Beispiel

---

[37] Vgl. Schreyögg / Geiger (2016) S. 42
[38] Vgl. Nicolai (2020) S. 128
[39] Vgl. Schreyögg / Geiger (2016) S. 43
[40] Vgl. Schreyögg / Geiger (2016) S. 280
[41] Vgl. Frör / Schick / Merk (2016) S. 48
[42] Vgl. Bokranz / Hildebrandt / Wehling (1995) S. 89

für eine funktionale Organisationsstruktur dar, welche ebenfalls auf das Unternehmen „Time" angewendet werden könnte:

Abbildung 2: Beispiel der funktionalen Organisationsstruktur des Unternehmens „Time"[43]

Bei einer dritten Hierarchieebene muss nicht mehr zwingend eine Einlinienstruktur genutzt werden, sondern die Funktionsbereiche können funktional gegliedert oder objektbezogen gestaltet werden.[44] Im Bereich Forschung und Entwicklung können bspw. die Ausprägungen von Produkt A und Produkt B untersucht werden.

Generell lassen sich zwei Formen von Funktionsbereichen definieren. Hierzu zählen der operative- und der strategische Bereich. Der operative Funktionsbereich wird durch gleichartige Aufgaben gekennzeichnet, wodurch Spezialisierungsvorteile optimal beansprucht werden können. Er wird unterschieden in ressourcenorientierten- und leistungsorientierte Funktionsbereiche. Der ressourcenorientierte Bereich ist für die Beschaffung von Ressourcen zuständig, worunter bspw. die Personalwirtschaft, Finanzwirtschaft und Materialwirtschaft fallen. Dieser Bereich wird auch als indirekt bezeichnet, da er keine direkten Bezüge zu der betrieblichen Leistungserstellung- und Verwertung hat. Zusätzlich zu dem indirekten Bereich des ressourcenorientierten Funktionsbereich zählt der direkte Bereich. Der direkte Bereich gilt als leistungsorientierter Funktionsbereich und ist unmittelbarer Teil des betrieblichen Leistungsprozesses. Hierzu zählen die Bereiche Produktion, Vertrieb sowie die Forschung und Entwicklung. Die Produkte des indirekten Bereiches werden

---

[43] Thommen / Achleitner (2012) S. 872 ff.
[44] Vgl. Frör / Schick / Merk (2016) S. 48

durch die Planung und Leistung im direkten Bereich zu marktfähigen Produkten umgewandelt.[45]

Die Unternehmensleitung stellt den strategischen Funktionsbereich dar. Durch die Koordinierung, Steuerung und Überwachung ergänzt er den operativen Bereich. Zudem werden hier die Ziele gesetzt und die Entscheidungen über die Ressourcenverwaltung getätigt.[46]

Daraus resultierend weist das Unternehmen „Time" eine funktionale Organisationsstruktur auf. „Time" ist mit rund 1600 Mitarbeitern ein mittelständisches Unternehmen. Das Unternehmen hat sich auf hochpreisige Armbanduhren spezialisiert und weist daher ein homogenes Produktprogramm mit einem geringen Diversifikationsgrad auf. Hierbei kann das Unternehmen über drei Hierarchieebenen verfügen, da auf der dritten Ebene eine Unterteilung nach dem Objekt, also der Produktart, erfolgt. In diesem Falle könnte zwischen analogen Uhren und Smartwatches unterschieden werden, da diese über unterschiedliche Technologien verfügen. Im nachfolgenden Abschnitt werden die Vor- und Nachteile von funktionalen Organisationsstrukturen näher betrachtet.

## 2.2 Die Vor- und Nachteile von funktionalen Organisationen

Bei genauerer Betrachtung der funktionalen Organisationstruktur, lassen sich verschiedene Vor- und Nachteile erkennen. Zunächst werden die Vorteile der Struktur näher betrachtet. Eine funktionale Organisation ist einfach und überschaulich aufgebaut. Einer der Vorteile stellt die Zusammenfassung der Verrichtungsart dar. Dadurch weisen die Abteilungen einen hohen Spezialisierungsgrad auf, der die Produktivität des Unternehmens steigern kann. Eine funktionale Organisation verfügt über ein homogenes Produktprogramm, das durch Zusammenlegung ähnlicher Verrichtungen nachhaltiger genutzt werden kann. Hierbei können die Ressourcen effizienter genutzt werden als bspw. bei Sparten- oder Regionalorganisationen. Zudem werden die Ressourcen der Abteilung gebündelt, wodurch doppelte Arbeit vermieden werden kann.[47]

---

[45] Vgl. Vahs (2020) S. 145 ff.
[46] Vgl. Vahs (2020) S. 146 f.
[47] Vgl. Bea / Göbel (2019) S. 343

Die einzelnen Bereiche werden durch spezialisierte Mitarbeiter vertreten, welche einen reibungslosen Ablauf der Wertschöpfungsprozesse gewährleisten. Durch das hohe operative Tätigkeitsfeld der Unternehmensleitung, kann flexibel und schnell auf quantitative Umweltveränderungen reagiert werden, wie der Stückzahlanpassung oder Qualitätsmängel.[48] Langfristig betrachtet, führt die Bündelung zu Aufwands- und Zeitersparnissen.[49]

Die homogene Arbeit der Funktionsbereiche unterstützt zudem die Gerechtigkeitstheorie, indem für alle Mitarbeiter vergleichbare Regeln gelten.[50] Ein weiterer Vorteil der Abgrenzung der Funktionsbereiche ist die hohe Transparenz und Kontrollierbarkeit. Es findet eine klare Abgrenzung der Verantwortlichkeiten und Befugnissen statt, was zu einer Erleichterung von Kommunikationswegen führt und Koordinationskosten reduziert.

Andererseits weist die funktionale Organisationsstruktur auch einige Nachteile auf. Die hohe Anzahl der Schnittstellen und Interdependenzen zwischen den Abteilungen kann zu Abstimmungs- und Koordinationsproblemen führen. Das Einliniensystem schränkt die Koordination ein, sodass diese nicht auf direktem Weg stattfinden kann. Gerade bei Funktionen, die nicht eindeutig zuordbar sind, muss eine übergeordnete Instanz für die weitere Abstimmung eingeschaltet werden. Daraus resultiert der sogenannte Flaschenhals- bzw. Kamineffekt, denn die Zentralisierung der Entscheidungen und Koordination, führt zu möglichen Überlastungen der Unternehmensführung.[51]

Ein weiterer Nachteil ist die geringe Autonomie der Funktionsbereiche. Die einzelnen Funktionen betrachten nur ihre eigenen Aktivitäten und Teilprozesse und lassen die der anderen Bereiche außen vor. Somit fallen Motivation, Innovation und Unternehmerdenken gering aus, wodurch es zu Problemen in der Wertschöpfungskette kommen kann. Die fehlende Zielkongruenz der Mitarbeiter und des Unternehmens, kann dazu führen, dass in den eigenen Bereichen Leistungskriterien entwickelt werden, die nicht mit denen des Unternehmens übereinstimmen.[52] Wenn der Absatz ein größeres Leistungsprogramm einführen

---

[48] Vgl. Bach / Brehm / Buchholz / Petry (2017) S. 282
[49] Vgl. Bea / Göbel (2019) S. 281
[50] Vgl. Holtbrügge (2018) S. 61
[51] Vgl. Ritz / Thom (2020) S. 216 f.
[52] Vgl. Laske / Meister-Scheytt / Küpers (2006) S. 264

möchte für mehr Erfolg, aber die Produktion aus Kostengründen ein kleines Produktprogramm anstrebt, entsteht ein Konflikt der das Unternehmensziel beeinflusst. Die Gefahr zum Ressortegoismus und Bereichsdenkens ist ein Nachteil der funktionalen Organisationsstruktur. Der Ressortegoismus spiegelt sich zudem auch in dem Produktprogramm wider. Es wird problematisch von einem homogenen zu einem heterogenem Produktprogram zu wechseln, da die Aufgaben keinem bestimmten Bereich zugeordnet werden können. Aufgrund der Spezialisierungen besteht hier ein Mangel zum Gesamtverständnis für die einzelnen Funktionsbereiche.[53]

Die Fähigkeit sich anzupassen stellt sich als problematisch für das Unternehmen dar. Daher besteht die Gefahr, dass die Markt- und Wettbewerbsorientierungen verfehlt werden. Es wird an bewährtem festgehalten, was wenig Spielraum für Innovationen oder Kundenwünsche lässt. Zum Beispiel könnten die Kundenwünsche an das Marketing oder den Vertrieb weitergetragen, jedoch finden diese nur schwer ihren Weg in die anderen Verrichtungen, da die Forschung bspw. nur danach handelt was technisch machbar ist.[54]

Die genannten Vor- und Nachteile treffen nicht auf jede funktionale Organisationsstruktur zu. Ein funktionales Konstrukt ist abhängig von der zweiten Ebene, bei einer möglichen dritten Ebene muss nicht mehr zwingend eine funktionale Organisationsstruktur vorherrschen.[55] Die Schwächen können unter anderem durch weitere Bausteine ausgebessert werden. Hierbei können bestimmte Funktionen aus divisionalen- oder Matrixorganisationen übernommen werden. Dies bietet sich bei einer marktnahen Untergliederung nach Produkten oder Regionen an. Um den Koordinationsaufwand zu minimieren, könnten Querschnitt-, Key-Account- oder Regionalmanager mit einbezogen werden. Dadurch wird die funktionale Organisationsstruktur erhalten, da diese über keine Entscheidungskompetenzen verfügen.[56]

---

[53] Vgl. Fiedler (2010) S. 36
[54] Vgl. Bach et al. (2012) S. 281 f.
[55] Vgl. Schreyögg (2016) S. 30
[56] Vgl Bach et al. (2017) S. 283 f.

# 3 Die unternehmensinterne Personalauswahl

In der Firma „Time" wurde festgestellt, dass die Auswahlgespräche für die unternehmensinterne Personalauswahl unterschiedlich geführt werden. Zudem waren die Bewerber verärgert über die Art und Weise, wie die Auswahlgespräche verlaufen sind. In der zweitätigen Tagung der Führungskräfte soll das Thema Auswahlgespräche von der Personalleitung mit aufgenommen werden. Das Ziel eines Auswahlgespräches ist das bestmögliche Kennenlernen des Bewerbers in kurzer Zeit. Hierbei sollen beide Parteien die Möglichkeit erhalten, herauszufinden ob der Bewerber mit dem Unternehmen und der Stelle zueinander passen.

Die Personalleitung soll in dem Meeting, das neue Verfahren für die Auswahlgespräche erläutern. Hierbei wurde sich für die multimodalen Interviews entschieden. Bezüglich des Ablaufs beim Führungskräftetreffen wird anfangs auf die aktuellen Probleme bei den Auswahlgesprächen eingegangen und Lösungsansätze präsentiert. Anschließend werden die theoretischen Grundlagen des multimodalen Interviews dargestellt. Zuletzt wird ein optimaler Ablauf von Auswahlgesprächen vorgestellt.

## 3.1 Das Auswahlgespräch und dessen Problematik

Jedes Interviewsystem hat seine eigenen Stärken sowie Schwächen, welche bei der Auswahl für das geeignete System betrachtet werden müssen. Die Personalleitung der Firma „Time" hat sich für das multimodale Interview entschieden. Dieses System hat laut Strzygowski die höchste Vorhersagekraft für den Arbeitserfolg des Bewerbers sowie weniger Defizite.[57] Multimodale Interviews weisen eine hohe Validität von r = .78 auf.[58] Zusätzlich weist es eine hohe Objektivität auf, aufgrund des vorab erstellten Interviewleitfadens.[59]

Das Auswahlgespräch wird als Einstellungsinterview definiert, in dem zwei oder mehrere Personen die Gelegenheit eines Austausches haben. Hierbei haben

---

[57] Vgl. Strzygowski (2014) S. 146
[58] Vgl. Schuler / Moser (1995) S.10
[59] Vgl. Strzygowski (2014) S. 146

beide Parteien die Möglichkeit sich über bewerbungsrelevante person-, arbeits- und organisationsbezogener Informationen zu unterhalten. Dies soll als Grundlage für die Auswahlentscheidung seitens der Organisation sowie des Bewerbers dienen. Somit ist das Ziel das beidseitige Kennenlernen.[60]

Das Gespräch basiert auf einer fragenorientierten Kommunikation, das auf der verbalen und nonverbalen Ebene stattfindet. Hierbei ist es empfehlenswert, dass beide Seiten sich Notizen machen, um die spätere Entscheidung zu begründen und nachvollziehen. Folglich sollte das Gespräch anhand eines Interviewleitfadens geführt werden, um Wahrnehmungsverzerrungen und Beurteilungsfehler zu vermeiden. Zudem gewährleistet der Interviewleitfaden eine Standardisierung der Gespräche, da jeder Bewerber die gleichen Fragen gestellt bekommt. Der Bewerber hat in dem Gespräch die Möglichkeit einer gezielten Selbstdarstellung, wodurch er Einfluss auf das Verfahren ausüben kann.

Die korrekte Frageweise und -stellung sind ebenfalls eine Erfolgskomponente für das Auswahlgespräch. Mithilfe der offenen Fragetechnik soll der Bewerber im Gespräch kennengelernt werden, d.h. es werden offene Fragen immer als W-Fragen formuliert. Dies ermöglicht dem Bewerber umfassende und vollständige Antworten zu geben, die dazu führen, dass ein fundiertes Bild über ihn gewonnen werden kann. Dies wird durch das teilstandardisierte Interview ermöglicht. Hierbei wird zu einem gewissen Grad die Standardisierung beibehalten und der Bewerber hat die Möglichkeit auf die offene Gesprächsform. Ein vollstandardisiertes Interview hingegen ermöglicht dies nicht.[61] Zudem sollten nicht willkürlich viele Fragen genutzt werden und auf den Redeanteil geachtet werden. Für ein teilstrukturiertes Interview liegt dieser bei einem Verhältnis von 30:70 zugunsten des Bewerbers.[62] Anhand der gewonnen Informationen, kann beurteilt werden, ob der Bewerber für die ausgeschriebene Stelle geeignet ist. Für ein erfolgreiches Interview sollte daher folgendes beachtet werden[63]:

- Eine freundliche Grundhaltung

---

[60] Vgl. Schuler (2018) S. 2
[61] Vgl. Schuler (2018) S. 227
[62] Vgl. Strzygowski (2014) S. 148
[63] Vgl. Lorenz / Rohrschneider(2015) S. 95 ff.

- Klar formulierte Fragen
- Vermeidung von zwei oder mehr Fragen zugleich
- Zeit zum Nachdenken einräumen
- Genau zuhören
- Gezieltes Nachfragen bei Unklarheiten und Widersprüchen
- Eventuelle Verwendung von Türöffner, um Bewerber zum Reden zu bringen

Auch die nonverbale Kommunikation ist für ein erfolgreiches Auswahlgespräch von Bedeutung. Dazu zählen eine ruhige und offene Körperhaltung sowie eingehaltener Blickkontakt. Dadurch wird Vertrauen aufgebaut und die verbalen Aussagen können unterstützt werden. Das Auswahlgespräch kann durch gezieltes Nachfragen und das Aussprechen lassen des Gegenübers verbessert werden. Mithilfe von Ich-Botschaften können Beziehungsstörungen vermieden werden, wie z.B. „Ich verstehe".[64]

Oftmals fallen schlechte Interviews auf den Interviewer zurück, da dieser unzureichend vorbereitet war oder die Anforderungen des Arbeitsplatzes nicht kennt. Um dem vorzubeugen wird es empfohlen, dass jeweils eine Person auf der Personalabteilung sowie dem zuständigem Fachbereich an dem Interview teilnehmen. Hierbei ist zu beachten, je geringer der Grad der Standardisierung ist, desto mehr Interviewer werden empfohlen.[65] Es soll eine Trennung der Information und der Entscheidung vorherrschen, so dass anschließend jede Antwort für sich bewertet wird. Dies verdeutlicht, dass zwei Interviewer optimal zur Durchführung des Interviews sind. Der eine stellt die Fragen und der andere notiert die Antworten und Verhaltensweisen. Hierbei ist darauf zu achten, dass die Gesprächsanteile im Vorfeld festgelegt werden müssen. Am Ende werden die einzelnen Bewertungen zu einem Gesamtbild zusammengefasst.[66]

Es wird deutlich, dass eine gute Vorbereitung auf das Auswahlgespräch essenziell ist. Dies beginnt bereits bei der Erstellung eines Anforderungsprofils

---

[64] Vgl. Lorenz / Rohrschneider (2015) S. 89 ff.
[65] Vgl. Achouri (2015) S. 21
[66] Vgl. Schuler (2018) S. 228

und der Auswahl potenzieller Bewerber.[67] Für die Anforderungsanalyse sollten genaue Dimensionen ausgearbeitet werden. Zudem sollte ein Bewertungssystem entwickelt werden, wo bereits Antworten und Bewertungshinweise vorformuliert sind.[68]

Bei der Firma „Time" wurden die Interviews ebenfalls unterschiedlich durchgeführt, was zur Verärgerung der Kandidaten führte. Daher muss auch hier eine Standardisierung umgesetzt werden, um die bestehenden Probleme systematisch zu verringern. Ein Leitfaden verhilft dem Auswahlgesprächsführer sich immer an den gleichen Ablauf zu halten. Zusätzlich wäre ein Interviewtraining empfehlenswert.

## 3.2 Die theoretischen Grundlagen des multimodalen Interviews

Grundsätzlich wird in drei verschiedene Interviewformen unterschieden: Das Behavior Deskription Interview, das situative Interview und das multimodale Interview. Das Behavior Interview fokussiert sich auf biografische Fragen, die sich auf Situationen beziehen, in der der Bewerber sich einmal befand. Diese extrem Situationen sollen das Verhalten des Bewerbers prüfen. Hierbei werden vergangenheitsbezogene Fragen gestellt. Im Gegensatz dazu beschäftigt sich das situative Interview mit der Zukunft. Es werden arbeitsbedingte Situation simuliert, bei dem der Bewerber ein bestimmtes Vorgehen schildern soll. In dieser Ausarbeitung liegt der Fokus auf das multimodale Interview

1992 wurde das multimodale Interview von Schuler in Zusammenarbeit mit dem deutschen Bankverband entwickelt. Es ist ein teilstrukturiertes Interview, dass auf den trimodalen Ansatz der Berufseignungsdiagnostik zurückführt.[69] Hierbei werden drei verschiedene Verfahrenstypen angewendet[70]:
1. Ein eigenschafts- oder konstruktorientiertes Verfahren
2. Ein simulationsorientiertes Verfahren
3. Ein biografieorientiertes Verfahren

---

[67] Vgl. Lorenz / Rohrschneider (2015) S. 83 - 98
[68] Vgl. Blickle (2019) S. 279
[69] Vgl. Brinkmann (2018) S. 201
[70] Vgl. Schuler (2014) S. 157

Bei dem eigenschafts- oder konstrukorientierten Verfahren werden zeitliche Persönlichkeitsmerkmale, wie bspw. die Intelligenz erfasst. Hierbei soll herausgefunden werden über welche Eigenschaften der Bewerber verfügen soll. Für ein erfolgreiches Verfahren müssen die einzelnen Merkmale anhand ihrer Konstruktvalidität überprüft werden. Bei dem simulationsorientierten Ansatz wird geprüft, welche beruflichen Situationen der Bewerber bewältigen kann. Das Verhalten am Arbeitsplatz wird hierbei erfasst. Das dritte Verfahren, das biografieorientierte Verfahren, soll dazu dienen, die bisherigen Erfahrungen des privaten- sowie beruflichen Leben herauszufinden. Der Bewerber soll hier schildern, wie er mit bestimmten Situationen umgegangen ist.[71] Diese Diagnoseprinzipien ermöglichen eine maximal valide Auswahl des Personals. Es ist eine objektive und effiziente Form der Personalauswahl für jede Branche, Tätigkeit oder Position.

Die Standardisierung des Verfahrens erfolgt anhand einer vorherigen Analyse überfachlicher Eigenschaften. Dadurch kann eine verhaltensverankerte Bewertungsskala erstellt werden, die es dem Interviewer ermöglicht keine Notizen mehr machen zu müssen. Die Antwort des Bewerbers sollte unmittelbar bewertet werden, damit Wahrnehmungsfehler vermieden werden. Dank der zielgruppenspezifischen Normen können die Antworten leicht interpretiert und vergleichbar mit anderen Bewerbern gemacht werden.[72] Das multimodale Interview bietet sich auch für die Firma „Time" an, da eine Standardisierung des Verfahrens erfolgt und der Bewerber umfassend kennengelernt werden kann. Nachfolgend wird der Aufbau und die Durchführung des multimodalen Interviews beschrieben.

## 3.3 Der Aufbau von Auswahlgesprächen

Das multimodale Interview besteht aus insgesamt acht Gesprächsabschnitten und dauert i.d.R. zwischen 45 und 90 Minuten abhängig von der Position und Zielgruppe.[73] Das Gespräch wechselt zwischen standardisierten Abschnitten und

---

[71] Vgl. Höft / Schuler (2019) S. 75
[72] Vgl. Schuler (2013) S. 33
[73] Vgl. Handelsblatt (o. J.)

freien Gesprächsteilen. Fünf Abschnitte des Interviews dienen dazu, dass der Interviewer ein diagnostisches Bild über den Bewerber erhält, wohingegen die anderen drei Abschnitte das Gespräch natürlich wirken lassen sollen. Zusätzlich dienen sie dazu den Bewerber über das Anforderungsprofil aufzuklären.[74] Hierdurch wird eine Standardisierung gewährleistet, so dass alle Bewerber gleichgestellt sind. Die folgende Abbildung stellt die einzelnen Schritte des Interviews dar:

| | Inhalt | Typische Dauer in min. | Bewertung |
|---|---|---|---|
| 1 | Gesprächsbeginn: Herstellen eines persönlichen Kontakts zu den Teilnehmern. | 5 | Nein |
| 2 | Selbstvorstellung: Die Kandidaten stellen bisherige berufliche Stationen und künftige Ziele vor. | 5 | Ja |
| 3 | Freie Fragen: Bringen das Gespräch in Gang und bieten die Chance, das »Bauchgefühl« zu bedienen. | 10 | Ja |
| 4 | Berufs- und Organisationswahl: Kandidaten zeigen auf, inwiefern sie sich mit der Stelle und dem künftigen Arbeitgeber auseinandergesetzt haben. | 5 – 10 | Ja |
| 5 | Erfahrungen und Interessen: Kandidaten schildern konkrete Erfahrungen aus dem Berufsleben. | 15 – 30 | Ja |
| 6 | Realistische Tätigkeitsinformation: Vorstellung der angestrebten Position, des Unternehmens, Teams und relevanter Rahmenbedingungen. | 5 | Nein |
| 7 | Situative Fragen: Erfassung erfolgs- und berufsrelevanten Verhaltens in spezifischen Alltagssituationen. | 15 – 30 | Ja |
| 8 | Gesprächsabschluss: Klärung offener Fragen und Verabschiedung. | 5 | Nein |

Abbildung 3: Der Ablauf des multimodalen Interviews[75]

Nachfolgend werden die einzelnen Abschnitte genauer erläutert[76]:

1. **Der Gesprächsbeginn.** Der erste Teil des multimodalen Interviews startet mit der Begrüßung. Hierbei soll eine offene und freundliche Gesprächsatmosphäre geschaffen werden, bevor in das Auswahlgespräch übergegangen wird. In dieser Stufe findet keine Bewertung statt.

2. **Die Selbstvorstellung des Bewerbers.** Der Interviewer fordert den Kandidaten auf in freier Form über seinen beruflichen Werdegang zu berichten. Hierbei soll der Bewerber ebenfalls seine Erwartungen an die zukünftige Position darstellen. Die zweite Stufe des Auswahlgespräches

---

[74] Vgl. Schuler (2014b) S. 287
[75] S&F Personalpsychologie (2021)
[76] Vgl. Schuler (2018) S. B230 ff.

wird bewertet. Dies erfolgt über verschiedene Dimensionen, wie z.B. der Erfolgsorientierung, Kooperation oder Organisation. Die Dimensionen beinhalten zum einen die Anforderungen der Position und zum anderen stellen sie die Beobachtungen dar. Die Bewertung kann anhand einer Skala von 1 – 5 erfolgen.

3. **Der freie Gesprächsteil.** Der freie Gesprächsteil wird mit offenen Fragen gestaltet. Durchschnittlich werden hier fünf Fragen gestellt, die bei Durchsicht der Unterlagen aufgekommen sind und bisher noch nicht beantwortet wurden. Durch die offene Frageform wird der Bewerber dazu aufgefordert zu erzählen. Der Interviewer bewertet die Antworten am Ende des Gespräches.

4. **Die Berufs- und Organisationswahl.** Die vierte Stufe befasst sich mit der ausgeschriebenen Stelle. Es werden Fragen zur Berufswahl, der Position und dem Selbstbild des Bewerbers gestellt. Hierbei soll herausgefunden werden, ob der Bewerber mit den Anforderungen der zu besetzenden Position umgehen kann. Auch in Stufe Vier wird empfohlen die Bewertung anhand einer Skala von 1 – 5 vorzunehmen, es sei denn es wird Handlungswissen abgefragt. Demnach sollte eine Richtig-Falsch-Skala zur Beurteilung genutzt werden.

5. **Biografiebezogene Fragen.** Die Fragen ergeben sich aus der Anforderungsanalyse bzw. dem validierten biografischen Fragebogen des Bewerbers. Der Ansatz erfolgt simulativ, so dass sich die Fragen an bereits gegebenen Situationen orientieren. Um den Bewerber und seine Handlungsweise besser einschätzen zu können, werden die Fragen anfangs offen gestellt und immer weiter geschlossen. Auch Stufe Fünf wird anhand einer verhaltensverankerten Einstufungsskala eingestuft.

6. **Die realistischen Tätigkeitsformen.** Der Bewerber erhält Informationen über die ausgeschriebene Stelle, dem Arbeitsplatz, dem Team sowie dem Unternehmen. Dies soll dazu dienen, dass der Bewerber seine Erwartungen mit der des Unternehmens abgleichen kann. In dieser Stufe hat der Bewerber die Möglichkeit, offene Fragen zu stellen. Hier findet keine Bewertung statt.

7. **Die situativen Fragen.** Die situativen Fragen dienen dazu, das Verhalten des Bewerbers in individuellen Situationen zu prüfen. Es handelt sich

hierbei um fiktive Situationen oder Ereignisse, die jedoch einen beruflichen Bezug haben. Zum einen werden die Antworten des Bewerbers einem Antwortschlüssel zugeordnet (Antwort A, B, usw.) und zum anderen anhand der verhaltensverankerten Einstufungsskala bewertet.

8. **Der Gesprächsabschluss.** Der Bewerber sowie der Interviewer erhalten in der letzten Stufe die Möglichkeit noch offene Fragen zu klären. Weiterführend wird ihm das weitere Vorgehen erläutert, jedoch erhält er kein explizites Feedback. Anschließend verabschieden sich die Gesprächsteilnehmer voneinander.

Zusammenfassend ist das multimodale Interview ein sehr vielseitiges und dadurch vielversprechendes Instrument zur Personalauswahl. Die standardisierte Fragestellung bietet eine hohe Objektivität und Validität. Aufgrund des strukturierten Aufbaus sowie der standardisierten Fragen hat das multimodale Interview eine hohe Aussagekraft und ist einfach anzuwenden. Folglich ist es aufgrund dieser Kriterien empfehlenswert für die Firma „Time". Die bisherigen Probleme der unterschiedlich geführten Interviews sowie der Ärgernis der Bewerber, können mit dem multimodalen Interview vermieden werden. Zudem werden alle Bewerber gleichbehandelt und aufgrund der Standardisierung fällt es der Firma leichter Bewerber zu bewerten. Auf der Führungskräfte Tagung wird daher das multimodale Interview für die Personalauswahl von der Personalleitung vorgestellt und vorgeschlagen.

# Literaturverzeichnis

**Achouri, C.** (2015) Human Resource Management: Eine praxisbasierte Einführung, 2. Auflage, Gabler Verlag: Wiesbaden.

**Apel, N.** (2007) Personalauswahl und Grundlagen des Human Resource Management, Springer Verlag: Wiesbaden.

**Bach, N. / Brehm, C. / Buchholz, W. / Petry, T.** (2012) Wertschöpfungsorientierte Organisation: Architekturen - Prozesse – Strukturen, Gabler Verlag: Wiesbaden.

**Bach, N. / Brehm, C. / Buchholz, W. / Petry, T.** (2017) Organisation: Gestaltung wertschöpfungsorientierter Architekturen, Prozesse und Strukturen, 2. Auflage, Springer Fachmedien: Wiesbaden.

**Bea, F. X. / Göbel, E.** (2019) Organisation: Theorie und Gestaltung, 5. Auflage, UVK Verlag: München.

**Blickle, G.** (2019) Personalauswahl. In F.W. Nerdinger, G. Blickle / N. Schaper (Hrsg.), Arbeits- und Organisationspsychologie, 4. Auflage, Springer Verlag: Berlin / Heidelberg.

**Bokranz, R. / Hildebrandt, B. / Wehling, J.** (1995) Organisation im Bankbetrieb: Band 1. Aufbauorganisation, Ablauforganisation, Datenerhebung, Springer Fachmedien: Wiesbaden.

**Brinkmann, R.** (2018) Angewandte Wirtschaftspsychologie, Pearson: Hallbergmoos.

**Fiedler, R.** (2010) Organisation kompakt, Oldenbourg Wissenschaftsverlag: München.

**Frör, C. / Schick, D. / Merk, J. / Kunnig, A.** (2016) Studienbrief: Organisationsstrukturen, 3. Auflage, SRH Fernhochschule: Riedlingen.

**Heise, W.** (2010) Das kleine 1x1 der Organisationsehre.

**Höft, S. / Schuler, H.** (2019) Personalmarketing und Personalauswahl. In H. Schuler & K. Moser (Hrsg.), Lehrbuch Organisationspsychologie, 6. Auflage, Hogrefe: Bern.

**Holtbrügge, D.** (2018) Personalmanagement, 7. Auflage, Nürnberg.

**Huber, A.** (2017) Personalmanagement, 2. Auflage, Verlag Franz Vahlen: München.

**Kauffeld, S. & Grohmann, A.** (2019) Personalauswahl. In S. Kauffeld (Hrsg.), Arbeits-, Organisations- und Personalpsychologie für Bachelor, 3. Auflage, Springer Verlag: Berlin.

**Krause, D. E.** (Hrsg.) (2017) Personalauswahl. Die wichtigsten diagnostischen Verfahren für das Human Resources Management, Springer Gabler: Wiesbaden.

**Laske, S. / Meister-Scheytt, C. / Küpers, W.** (2006) Organisation und Führung, Waxmann Verlag: Münster.

**Lorenz, M. / Rohrschneider, U.** (2015) Erfolgreiche Personalauswahl, 2. Auflage, Springer Verlag: Wiesbaden.

**Mael, F. A.** (1991) A conceptual rationale for the domain and attributes of biodata items. Personnel Psychology, 4. Auflage.

**Mumford, M. D. / Barrett, J. D. / Hester, K. S.** (2012) Background Data: Use of Experiential Knowledge in Personnel Selection. In N. Schmitt (Hrsg.), The Oxford Handbook of Personnel Assessment and Selection, Oxford University Press: Oxford.

**Nicolai, C.** (2020) Betriebliche Organisation, 3. Auflage, UVK Verlag: Tübingen.

**Ritz, A. / Thom, N.** (2020) Public Management: Erfolgreiche Steuerung öffentlicher Organisationen, 6. Auflage, Springer Verlag: Wiesbaden.

**Schanz, G.** (2000) Personalwirtschaftslehre, 3. Auflage, Verlag Franz Vahlen: München.

**Schreyögg, G.** (2016) Grundlagen der Organisation: Basiswissen für Studium und Praxis, 2. Auflage, Springer Fachmedien: Wiesbaden.

**Schreyögg, G. / Geiger, D.** (2016) Organisation: Grundlagen moderner Organisationsgestaltung. Mit Fallstudie, 6. Auflage, Springer Gabler: Wiesbaden.

**Schreyögg, G. / Koch, J.** (2020) Management: Grundlagen der Unternehmensführung, 8. Auflage, Springer Gabler: Wiesbaden.

**Schuler, H.** (1986) Der Einsatz biographischer Fragebogen zur Prognose des Berufserfolgs: Einleitende Überlegungen und Überblick. In H. Schuler & W. Stehle (Hrsg.), Biographische Fragebogen als Methode der Personalauswahl. Verlag für Angewandte Psychologie: Stuttgart.

**Schuler, H.** (1992) Das Multimodale Einstellungsinterview. Diagnostica

**Schuler, H.** (2013) Personalauswahl: Eine eignungsdiagnostische Perspektive. In R. Stock-Homburg & B. Wolff (Hrsg.), Handbuch Strategisches Personalmanagement, Gabler Verlag: Wiesbaden.

**Schuler, H.** (2014) Psychologische Personalauswahl: Eignungsdiagnostik für Personalentscheidungen und Berufsberatung, 4. Auflage, Hogrefe: Göttingen.

**Schuler, H.** (2014b) Biografieorientierte Verfahren der Personalauswahl. In H. Schuler & U.P. Kanning (Hrsg.), Lehrbuch der Personalpsychologie, 3. Auflage, Hogrefe: Göttingen.

**Schuler, H.** (2018) Das Einstellungsinterview, 2. Auflage, Hogrefe: Göttingen.

**Schuler, H.** (2020) Auswahl von Mitarbeitern. In L. von Rosenstiel, E. Regnet & M.E.

**Schuler, H. / Moser, K.** (1995) Die Validität des Multimodalen Interviews. Zeitschrift für Arbeits- und Organisationspsychologie, 39(1), 2–12.

**Strobel, A. / Franke-Bartholdt, L.** (2017) Personalauswahl, Springer Verlag: Wiesbaden.

**Struck, O.** (1998) Individuenzentrierte Personalentwicklung: Konzepte und empirische Befunde, Campus Verlag: Frankfurt / Main / New York.

**Strzygowski, S.** (2014) Personalauswahl im Vertrieb: Wie Sie die passenden Top29 Performer finden und gewinnen, Springer Fachmedien: Wiesbaden.

**Thommen, J.-P. / Achleitner, A.-K.** (2012) Allgemeine Betriebswirtschaftslehre. Umfassende Einführung aus managementorientierter Sicht, 7. Auflage, Gabler: Wiesbaden.

## Internetquellenverzeichnis

**Nickel, S.** (o.J.) Multimodales Interview MMI® - Valide Methode für die Personalauswahl. Veröffentlich in Handelsblatt, S & F Personalpsychologie Managementberatung GmbH. Stuttgart.
URL: https://unternehmen.handelsblatt.com/multimodales-interview.html, Abruf: 24.04.2021

**Schewe, G.** (o. J.) Organisationsstruktur. Definition: Was ist "Organisationsstruktur"?, Gabler Wirtschaftslexikon.
URL: https://wirtschaftslexikon.gabler.de/definition/organisationsstruktur-43095, Abruf: 21.04.2021

**S&F Personalpsychologie** (2021) Das Multimodale Interview MMI – so funktioniert es! S&F Personalpsychologie Managementberatung GmbH: Stuttgart.

URL:    https://www.multimodalesinterview.de/wie-funktioniert-es,    Abruf 24.04.2021